NATIONAL GEOGRAPHIC

¡Volcán!

EDICIÓN PATHFINDER

Por Beth Geiger

CONTENIDO

Los volcanes están entre los lugares más **calurosos** de la Tierra. También están entre los más **interesantes.**

¡Volcán!

Kilauea, Hawái

By Beth Geiger

Joanne Green pisa cuidadosamente, como si fuera su último paso. Podría haberlo sido. La lava endurecida bajo sus pies ardía de calor. Un río cercano de lava resplandeciente salpicaba la roca derretida.

"El calor sobre el rostro es muy, pero muy intenso", dijo Green. "Si no se tiene cuidado", continuó, "a uno se le derriten las botas en la roca candente. ¡O peor aún!"

Green, como ves, es una vulcanóloga. Es decir, es una científica que estudia los volcanes. Para aprender acerca de estos lugares súper calientes, se acerca todo lo que puede hasta ellos.

Infiernos imponentes

Green estaba estudiando el Kilauea. Es un volcán que está en Hawái. Es tan solo uno de los casi seiscientos volcanes que hay sobre la superficie de la Tierra. En el suelo oceánico, se elevan muchos más. En conjunto, hay más de 1500 volcanes activos en todo el mundo.

Los volcanes activos, sin embargo, son solo una fracción pequeña de todas las montañas de fuego. Muchos otros están latentes o "dormidos". Hace tiempo que estos volcanes no hacen erupción hace mucho tiempo. Algunos quizá no vuelvan hacerlo. Esos son volcanes extintos. Se apagaron hace miles o incluso millones de años.

Todas las clases de volcanes activos, latentes o extintos son importantes. Los volcanes formaron el ochenta por ciento de la superficie de la Tierra. La mayoría de nuestros suelos fértiles proviene de los volcanes. Y parte del aire que respiramos fue producido por sus erupciones.

La lava es importante

Un volcán es una apertura o **chimenea** hacia el interior caliente de la Tierra. La roca derretida o **magma** sube a través del conducto. Cuando el magma sale a la superficie de la Tierra, se lo llama lava.

No toda la lava es igual. Algunos volcanes producen una lava líquida que fluye muy rápidamente, como la mezcla para panqueques. La lava líquida forma una suave pendiente llamada volcán en escudo.

Otros volcanes emiten una lava viscosa y pegajosa que fluye lentamente, como la pasta dentífrica. Esta clase de lava no puede fluir muy lejos. Forma una montaña con pendientes empinadas. Estos se llaman estratovolcanes.

Los estratovolcanes pueden entrar en erupción violentamente.
Un estallido puede arrojar cenizas y lava a más de seiscientas millas por hora. A veces, una erupción lanza grandes pedazos del propio volcán. Lo único que queda es una **caldera** humeante.

Verdaderos fuegos artificiales.
La lava explota al golpear el océano
Pacífico. La roca derretida fluyó
pendiente abajo desde el Kilauea,
un volcán en Hawái.

El anillo de fuego

Tres cuartos de todos los volcanes se elevan
cerca del borde el océano Pacífico. Este círculo
de puntos calientes se llama anillo de fuego
(ver mapa).

No es accidental que haya tantos volcanes en
esta región. El anillo de fuego es
un área donde se juntan algunas
de las placas que forman la
superficie de la Tierra.

A veces, cuando las placas se
juntan, una de ellas se mueve y
queda debajo de la otra. La que
queda debajo se derrite y forma
el magma. Este magma se filtra
a través de las grietas en las rocas
circundantes. Entonces, el magma
puede abrirse paso a través de
la superficie de la tierra y crear
un volcán nuevo o para emerger
desde uno ya existente.

Lugar ajetreado. *ARRIBA: El Kilauea está en
erupción desde 1983. Es el volcán más activo
de la Tierra. ARRIBA: La lava se transforma
en roca al enfriarse. De esta forma, se van
creando las islas de Hawái.*

Viviendo con un volcán

Todos los volcanes activos afectan las plantas y los animales que viven a su alrededor. Producen suelos fértiles donde las plantas pueden crecer. Las plantas atraen a toda clase de animales. Los volcanes, incluso, cambian la forma de vivir de las personas. Los agricultores cultivan en los fértiles suelos volcánicos. Los turistas pasan las vacaciones cerca de las hermosas montañas. Las ciudades se desarrollan en los valles a los pies de las cumbres.

Pero la vida cerca de un volcán activo no es fácil. A veces, las cumbres se convierten en peligrosas montañas de fuego. Cuando sucede esto, nadie quiere estar cerca.

Se despierta el gigante dormido

Uno de los volcanes más espectaculares de los EE.UU. era el volcán Monte Santa Helena. Está a unas noventa y cinco millas de Seattle, Washington. La imponente montaña había entrado en erupción por última vez en 1857.

Con el paso de los años, millones de personas se mudaron al área que rodea el Monte Santa Helena. Miles visitaban la zona cada año.

Después de todo, el volcán nevado parecía tranquilo y calmo. Pero todo cambió en la mañana del 18 de mayo de 1980. A las 8:32, un fuerte terremoto sacudió el área. De repente, el lado norte del volcán explotó.

Perdiendo la cabeza.
Una vieja fotografía muestra a los visitantes cómo lucía el Monte Santa Helena antes de mayo de 1980.

Cambiando el terreno

Las cenizas y el vapor caliente bajaron precipitadamente por las pendientes volcánicas a doscientas millas por hora. Cuando el humo se aplacó, parecía como si la parte superior de la montaña hubiese sido cortada. Habían desaparecido más de mil pies. Una franja de terreno de quince millas a la redonda quedó destruida.

Hoy en día, el volcán continúa haciendo erupción. Pero ahora está reconstruyéndose lentamente. Un día, en un futuro lejano, se parecerá mucho a como era antes. Pero está destinado a repetir su violento pasado y a volver a destruirse.

VOCABULARIO

caldera: cráter formado por una erupción violenta

chimenea: agujero o grieta en la superficie de la Tierra.

lava: roca derretida que emerge de un volcán.

magma: roca derretida en el interior de la Tierra

vulcanólogo: científico que estudia los volcanes

El Monte Santa Helena entra en erupción

18 DE MAYO DE 1980 • 8:27 a.m.
Imagen perfecta. *El Monte Santa Helena parecía calmo y tranquilo. No lo estaba. Los científicos sabían que sucedería algo. Pero ninguno de ellos sabía cuándo con exactitud.*

18 DE MAYO DE 1980 • 8:32:37 a.m.
El mal comienzo. *a montaña explotó a las 8:32 a.m. Las cenizas se elevaron hasta 60.000 pies de altura.*

18 DE MAYO DE 1980 • 8:32:51 a.m.
Día oscuro. *La explosión produjo cuatrocientos millones de toneladas de polvo. Cubrió doscientas treinta millas cuadradas.*

DENTRO DEL volcán

Una nube de ceniza se forma sobre un volcán.

La capa más superficial de la Tierra se llama la corteza.

La mayoría de las personas piensa que los volcanes son, sencillamente, grandes montañas de las que brota lava. Pero un volcán, en realidad, comienza en las profundidades o la corteza de la Tierra.

La capa que está debajo de la corteza se llama manto. Es muy caliente. El calor puede derretir la roca. A veces, la presión obliga a esta roca caliente a subir por las grietas en la corteza. Esto puede formar un volcán.

Los volcanes se forman en todos los continentes de la Tierra, incluso en la helada Antártida. Las montañas de fuego también emergen del suelo oceánico.

Usa el diagrama para aprender acerca de las distintas partes de un volcán.

La lava es roca derretida que fluye desde un volcán.

El cráter es la abertura en la parte superior de un volcán.

La roca derretida se eleva a través de la chimenea central.

El magma es la roca derretida dentro del volcán.

La cámara de magma se encuentra en las profundidades del volcán.

Hawái
cadena insular

Para muchas personas, Hawái es un paraíso exuberante y verde. Pero esta cadena de islas tiene una historia al rojo vivo. Las islas están formadas de lava. Fueron formadas porvolcanes submarinos del océano Pacífico.

Punto caliente

Las islas hawaianas están cerca de un área súper caliente de la corteza terrestre. Debajo de la corteza, las temperaturas son tan altas que incluso pueden derretir la roca. Los científicos llaman a esta área el punto caliente hawaiano.

Durante millones de años, el punto caliente hawaiano ha derretido agujeros a lo largo de la placa del Pacífico. Esta placa es una de las más grandes de la corteza terrestre. Forma el suelo del vasto océano Pacífico.

Como otras placas, la placa del Pacífico se mueve lentamente. Se traslada alrededor de diez centímetros por año. Se desliza directamente sobre el punto caliente hawaiano.

Volcanes antiguos y nuevos

Hace cinco millones de años, el punto caliente produjo una depresión a lo largo de la placa del Pacífico. El magma o roca caliente se derramó hacia el suelo oceánico. Con el tiempo, esta roca formó un montículo gigantesco. Finalmente, sobresalió del océano. ¡Había nacido la isla de Kauai!

Kauai fue la primera isla hawaiana que se formó. No fue la última. Con el paso de muchos años, la placa del Pacífico trasladó a Kauai más allá del punto caliente.

Pero el punto caliente siguió ardiendo. A medida que la placa se movía, quemaba la corteza, produciendo nuevas depresiones. Crecieron nuevos montículos desde el suelo oceánico. Cada montículo formó otra isla.

Hoy en día, la mayoría de las islas se ha trasladado más allá del punto caliente. Ahora los volcanes están extintos. Sólo la isla de Hawái sigue en erupción. Algún día, también dejará de hacerlo. Sin embargo, el punto caliente continúa ardiendo y formando nuevas islas.

Historia candente *Kauai es la más antigua de las islas hawaianas. Esta cadena de islas se formó sobre un punto caliente en el suelo oceánico.*

Cómo se formaron las islas

Kauai

Hawái

Placa del Pacífico

Punto caliente

Punto caliente.
Las islas hawaianas son, en realidad, cumbres de volcanes.

volcanes

Responde las siguientes preguntas para evaluar lo que has aprendido sobre este tema candente.

1 ¿Qué es un vulcanólogo?

2 ¿En qué se diferencia el magma de la lava?

3 ¿Por qué se forman tantos volcanes a lo largo del anillo de fuego?

4 Describe lo que sucedió cuando el Monte Santa Helena entró en erupción.

5 ¿Cuáles son las diferencias entre los volcanes extintos, latentes y activos?